# Von Hühnern, Hühnerinnen und Hähnen

Eine Fabel von Wolfgang Heppelmann

IFB Verlag Deutsche Sprache

Bibliographische Information der Deutschen Bibliothek:
Die Deutsche Nationalbibliothek verzeichnet diese Publikation in der Deutschen Nationalbibliografie; detaillierte bibliografische Daten sind im Internet über http://dnb.dnb.de abrufbar.

Zweite Auflage 2026



ISBN 978-3-949233-32-6

# Von Hühnern, Hühnerinnen und Hähnen

Eine Fabel von Wolfgang Heppelmann

## Vorwort zur zweiten Auflage

Die Hühner, Hühnerinnen und Hähne sind wieder da! Die erste Auflage war schnell vergriffen und so wird nun in der zweiten Auflage munter weiter gegackert.

Ein Buch über Hühner? Und was sind eigentlich Hühnerinnen? Der geneigte Leser mag bei erstmaligem Erscheinen meines Buches gestutzt, ja sogar milde gelächelt haben. Eine Fabel passt doch nicht mehr in unsere heutige, schnellebige Zeit? Und warum ausgerechnet dieses hektische Federvieh? Nun, durch meine Arbeit im Landesmuseum Schleswig-Holstein lernte ich: Jedes Huhn ist anders, es geht wild zu im Hühnerstall, jedoch mit einer nicht zu leugnenden Struktur. Hühner haben ein ausgeprägtes Erinnerungsvermögen. Der Bezug zu uns Menschen mag nicht naheliegen, er hinkt aber auch nicht.

Der noch immer vorherrschende gesellschaftliche Drang nach sprachlicher Gleichmachung, das Thema Gendern ist nach wie vor aktuell. Meine Idee, dieses Thema auf diese Art anzugehen, im Hühnerstall anzusiedeln, und dann in Form einer Fabel zu Papier zu bringen, mutet ungewöhnlich an. Zahlreiche Reaktionen meiner Leser haben mir aber gezeigt, daß sich der Mut gelohnt hat und es mir durchaus gelungen ist, einen kleinen Teil zu dieser Debatte beizutragen. Dennoch ist es mir ein Anliegen, daß der Text nicht belehren oder urteilen möchte. Er soll den Blick der Leser auf ungezwungene, humorvolle Weise auf seinen Hintergrund lenken, zum Nachdenken, aber auch zum Lachen bringen. Kein mahnender Zeigefinger, sondern ein humorvoller Umgang in einer oft hitzig geführten Diskussion.

Winter 2025/2026 Wolfgang Heppelmann

**Kapitel 1**

Es war an einem Frühlingsmorgen. Ein warmes Lüftchen regte sich zwischen den Zweigen einer alten Linde. Es fand ein kleines Blatt, auf einem Ast liegend, und hatte Lust, mit ihm zu spielen. Das kleine Lindenblatt hatte den ganzen Winter über auf seinem Ast gelegen und dabei ganz jämmerlich gefroren. Darüber war es dünn und braun geworden, und so kam ihm dieser Zeitvertreib sehr gelegen. Der leichte Wind hob das kleine Blatt von seinem Ast, und so tanzte es voller Vergnügen durch die Luft, es taumelte und drehte sich, und es hätte endlos so weitergehen mögen, aber der Wind begann ein anderes Spiel. So sank das kleine Blatt zu Boden:

Der Zufall wollte es, daß es an einer Stelle zu liegen kam, an der ein Regenwurm seine Behausung hatte. Dieser sah, daß der Ausgang seiner Wohnung zugedeckt war. Er hatte schon früher dort kleine Blätter gefunden. Um Ordnung zu schaffen, hatte er die Angewohnheit, kleine Blätter aufzurollen und in seine Wohnung hineinzuziehen, um sie dann genüßlich zu verspeisen. Es mochte sich das kleine Blatt aber nicht verspeisen lassen. Darum wehrte es sich und wollte nicht zu dem Wurm. Dieser dachte, er werde sich den Leckerbissen doch nicht entgehen lassen, und kroch ein bißchen aus seiner Tür – da geschah es!

Ein Huhn wurde seiner gewahr; es traute seinem Auge nicht und sah mit dem anderen Auge genauer hin. Und tatsächlich: Ein Regenwurm rangelte mit einem Blatt. Der hatte nicht bemerkt, daß er seine Wohnung inmitten eines Hühnerhofes eingerichtet hatte. Das Huhn schnappte nach dem Regenwurm und versuchte, ihn ganz aus seiner Behausung zu zerren. Der wurde länger und länger und war schon fast am Zerreißen. Das kleine Blatt nutzte die Gelegenheit, von diesem gefährlichen Ort zu entkommen. Ein Luftzug half ihm dabei und trug es von hier fort, und es ward nicht mehr gesehen. Dadurch, daß der Wurm von dem Huhn immer längergezogen wurde, ward er aber auch immer dünner. So konnte er sich aus dem Schnabel des Huhnes herauswinden und schnellte wie ein Gummiband zurück in sein Wurmloch und war in Sicherheit:

Das war dem Huhn zuviel. Es geriet über das Mißgeschick derart in Wallung, daß die anderen Hühner herbeiliefen, um zu erfahren, was geschehen war. Das Huhn zeterte und scharrte in der Erde, es schlug mit den Flügeln, konnte den Wurm aber nicht erlangen. Als nun die herbeigeeilten Hühner verstanden hatten, welchen Verlust das Huhn erlitten hatte, gerieten auch sie in große Aufregung, begannen zu schimpfen und zu gackern, sie liefen ziellos umher, scharrten im Sand und schlugen mit den Flügeln.

Der Hahn war gerade auf den Rücken seiner Lieblingshenne gesprungen. Eben wollte er seiner ehelichen Pflicht nachkommen, als er, jäh von dem Tumult aufgeschreckt, von ihr abließ. Schleunigst eilte er hinzu und wollte sich berichten lassen, was der Grund für die Unruhe gewesen sei. Da alle seine Hühner derart laut gackerten und flügelschlagend durcheinanderliefen, war es ihm nicht möglich, den Grund hierfür zu erfahren. Darüber wurde der Hahn sehr ungehalten, schlug mit den Flügeln und krähte laut: „Kikeriki, kikeriki.“ Das half. Sogleich wurde es ruhiger, einige Hühner nahmen ein Sandbad, um lästige Flöhe aus dem Gefieder zu vertreiben, andere begaben sich in ein nahegelegenes Gebüsch, um nach Würmern zu suchen, und das Huhn, dem der Regenwurm entwischt war, konnte nun von seinem Unglück berichten.

Es war Mittag geworden. Die Uhr an dem nahen Kirchturm schlug zwölf. Die Bäuerin hatte schon am Morgen, so auch zu Mittag zuviel Essen zubereitet und brachte das übrige ihren Hühnern. Der Hahn eilte herbei, prüfte die Leckerbissen. Nachdem er alles für gut befunden hatte, rief er seine gesamte Familie herbei, wies mit dem Schnabel auf die Leckereien und bedeutete seinen Hühnern, davon zu essen. Er selbst nahm erst etwas zu sich, als die anderen bereits gesättigt waren. So hatte er es immer gehalten. Nach dem Essen begaben sich die Hühner zu einer nahegelegenen Wiese, um etwas Zerstreuung zu suchen. Die Aufregung um den entkommenen Regenwurm steckte ihnen noch immer in den Federn:

Eines der Hühner aber ging in den Stall, weil ihm etwas unwohl im Bauch war. Es verschaffte sich Erleichterung, indem es zwei Eier in sein Nest legte, das sich verborgen hinter abgestellten Brettern befand, um es vor Eierdieben zu schützen. Ein anderes Huhn hatte sein Nest hinter einem Strohbund versteckt. Der Hahn nannte das Huhn Glucke, denn es hatte in dem Wunsch, viele Kinder zu haben, sein Nest schon seit Tagen nicht verlassen. Da die Bäuerin die Verstecke noch nicht kannte, hatte Glucke schon neun Eier in ihrem Nest, und sie wollte sie alle ausbrüten. Eine schwere Arbeit war das, alle Eier gleichmäßig warmzuhalten.

Am späten Nachmittag machte sich der Hahn mit seinen Hühnern, die er gelegentlich auch liebevoll „Hennen" nannte, auf den Heimweg von der Wiese zum Hühnerstall. Den Regenwurm hatten sie längst vergessen. Nacheinander stiegen sie die Hühnerleiter empor, dann durch eine Luke in der Wand, welche die Bäuerin zur Nacht zu verschließen pflegte, in den

Stall hinab. An einer Wand lehnte ein Reck, das den Hühnern als Nachtlager diente. Der Hahn begab sich, seiner Würde entsprechend, auf die oberste Sprosse, neben ihn setzte sich seine Lieblingshenne und darunter auf weitere Sprossen der übrige Harem, nicht aber die beiden Hühner, die immer noch auf ihren Eiern saßen und brüteten. Bis in die Nacht erzählten sie einander ihre Erlebnisse von der Wiese, einige schlugen noch einmal mit den Flügeln, und so schliefen sie allmählich alle ein.

In der Nacht wurde der Regenwurm wieder mutiger. Er erkundete die Umgebung seiner Wohnung. Als er gewahr wurde, daß alle Hühner fort waren, faßte er Mut und verließ seine Behausung, um sich eine andere Unterkunft zu suchen. Auf dem Hühnerhof war es ihm dann doch zu gefährlich geworden. Die Wiese hinter dem Hof erschien ihm sicherer. Er kroch sogleich dorthin und begann mit den Ausschachtungsarbeiten für seine neue Wohnung. Die Arbeit ging gut voran, so daß er noch vor dem ersten Hahnenschrei dort einziehen konnte.

Kikeriki! kikeriki! Es war noch ruhig auf dem Bauernhof am anderen Morgen. „Kikeriki" rief der Hahn in die morgendliche Stille. Langsam wurde es hell. Die Bäuerin öffnete geschwind die Luke, damit die Hühner nach dem Morgenmahl ins Freie gelangen könnten, und füllte frisches Wasser und Getreidekörner in Futterschalen, die auf dem Boden bereitstanden. Hinten an der Wand unter einem Brett lugten einige Gelbhalsmäuse hervor, um zu erspähen, ob sie ein paar Körner abbekommen könnten: Schon saßen sie auf einer Futterschale und nahmen sich einige Körner. Noch ehe die Hühner einschreiten konnten, sprangen die Gelbhalsmäuse in einem hohen Bogen zu ihrem Brett und brachten die Beute in das Nest zu ihren Kindern:

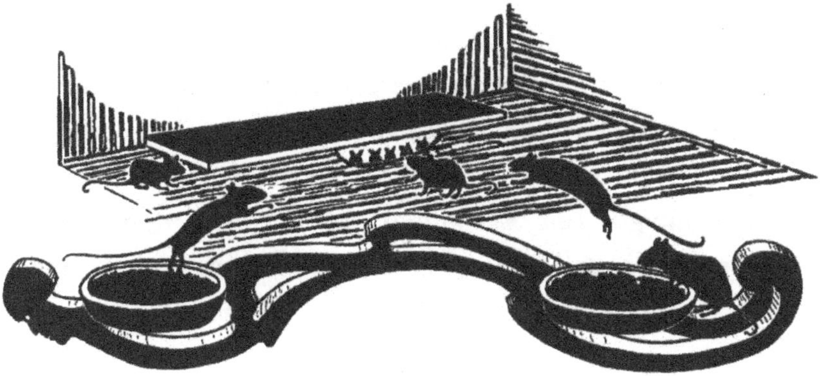

Nun waren alle Hühner wach. Sie aßen aus den Schalen ihr Frühstück, tranken Wasser, und der Tag konnte beginnen. Einige legten schnell noch ein Ei in das Stroh, das auf dem Boden lag, und stiegen dann nacheinander die Hühnerleiter empor, durch die Luke in der Wand ins Freie, außen wieder hinunter in den Hof, so, wie sie es an jedem Morgen taten. Der Hahn beobachtete die Umgebung, um zu prüfen, ob es eine Gefahr gebe, denn hin und wieder flog ein Adler über das Dorf und die Wiese. Auch kam gelegentlich ein Fuchs vorbei und versetzte die Hühner in Angst und Schrecken. Man hatte ihn in Verdacht, schon einmal ein Huhn entführt zu haben. Es kam auch nicht in seinen Hühnerstall zurück.

## Kapitel 2

Ein Bauer vom Nachbarhof kam zu Besuch, um der Bäuerin zu sagen, er wolle seinen Hof aufgeben, denn er sei zu alt und habe keinen Nachfolger finden können. Seine Tiere und den Bauernhof habe er bereits verkauft, nur einige Hühner besitze er noch, und die wolle er der Bäuerin überlassen, wenn sie diese denn haben wolle. Sie sprach zu dem Bauern, sie sei damit einverstanden, denn sie habe noch etwas Platz in ihrem Hühnerstall. Sie erfuhr noch von ihrem Nachbarn, daß sein Hahn vor einiger Zeit von einem Ausflug nicht mehr zurückgekommen war, und darum hatten seine Hühner schon länger keine Eier mehr gelegt.

Noch an demselben Tag brachte der Bauer die Hühner in einem großen Korb als Geschenk für die Bäuerin. Sie entließ sie am Nachmittag aus dem Korb in ihren Hühnerstall. Dadurch entstand große Aufregung bei dem Hahn und den Hühnern, die schon immer dort wohnten. Sie machten sich große Sorgen über die künftige Rangordnung und darüber, wie man sich künftig arrangieren wolle, kamen aber zu keinem Schluß, denn der Hahn wollte seine neuen Frauen erst einmal kennenlernen. Es wurde Abend. Hahn und Hühner setzten sich auf das Reck oder in das Stroh, schlugen noch einmal kräftig mit den Flügeln, und so schliefen sie erst spät nach endlosen Gesprächen darüber ein.

Der Morgen kam, der Hahn krähte, die Bäuerin brachte das Essen, die Hühner nahmen davon aus ihren Schalen, legten ein paar Eier in das Stroh, stiegen über die Hühnerleiter nach draußen ins Freie; es fand sich alles, wie es immer Brauch gewesen war. Um nun die neuen Hühner etwas besser kennenlernen zu können, bat sie der Hahn, ihn auf dem Weg zur Wiese zu begleiten. So könne er seinen neuen Frauen auch gleich die Gegend um den Hof zeigen. Unterwegs fragte er, wie sie so gelebt hätten, was ihr Hahn für einer gewesen war und wie der Bauer sich zu ihnen verhalten habe.

Von dem Bauern wüßten sie nicht allzuviel, sagten sie, denn er hätte sich kaum noch um sie gekümmert, seit er allein lebte, und ihr Hahn wäre zu lange schon fort gewesen, als daß sie sich daran noch erinnern wollten. Aber gelebt hätten sie gut; der Bauer hätte sie in Ruhe gelassen, denn sie hätten ja keine Eier mehr gelegt. Im Übrigen sei das Eierlegen ein schlechtes Geschäft; außer Wasser und ein paar Körnern hätten sie dafür nichts bekommen, es sei ihnen auch zu anstrengend, und deswegen wollten sie auch künftig keine Eier mehr legen. Nachdem der Hahn das vernommen hatte, ging er ein Stück des Weges allein, um über das Gehörte nachzudenken. Die neuen Hühner hatten ihm damit so zugesetzt, daß ihm die Worte, die hier nötig gewesen wären, nicht einfielen. Gedankenversunken ging er zu seiner Henne und den anderen Hühnern, und so wurde es Abend. Nach und nach fanden sich alle im Hühnerstall ein, um sich auf die Nachtruhe vorzubereiten. Da hörten sie aus der Ecke hinter den Strohbunden ein fröhliches, leises Piepsen. Glucke kam mit ihren neun kleinen Küken hervor, um sie stolz den anderen vorzuführen. Sie sollten ihren Vater kennenlernen. Der lobte Glucke für ihre Ausdauer und für ihren Fleiß, schlug vor Freude über die Kleinen mit den Flügeln und krähte, daß alle hören sollten, welches Glück ihnen widerfahren war:

Die anderen Hühner sahen zu, wie die Kleinen um ihre Mutter herumliefen und sich des Lebens freuten. Die neuen Hühner sahen abfällig auf das Geschehen herab. Sie hatten schon lange keine Küken mehr gesehen, weil sie ja auch keine Eier mehr gelegt und bebrütet hatten. Es wäre ihnen ja auch zu anstrengend gewesen. Glucke hörte, wie sie untereinander tuschelten: „Was die sich einbildet, seht nur, wie sie um den eingebildeten Hahn herumtänzelt und wie sie ihre Mutterrolle spielt.“ Das erregte Glucke so sehr, daß sie diese Hühner anfuhr: „Ich SPIELE keine Rolle, ich BIN ihre Mutter, und bei Tag wie bei Nacht bin ich ZUERST ihre Mutter! Und ich werde sie gut erziehen, und mein Hahn wird mir dabei helfen, denn er ist ihr Vater, der uns alle beschützt!“ Damit hatten sie nicht gerechnet und waren erst einmal still. Der Hahn und einige Hühner schlugen noch einmal mit den Flügeln, nahmen noch etwas Wasser und Getreide zu sich, auch die Gelbhalsmäuse bekamen etwas ab. Dann stiegen sie wieder auf ihr Reck und zu den Schlafplätzen, sprachen noch über die Ereignisse des vergangenen Tages und schliefen langsam ein.

Wieder wurde es hell, ein neuer Tag brach an. Der Hahn tat, was er tun sollte, die Bäuerin auch, und so fanden sich alle wieder im Hof ein, um Frühsport zu treiben. Sie schlugen mit den Flügeln, und einige schafften es, auf einen Zaun zu fliegen und darauf sitzen zu bleiben. Derweil blieben die neuen Hühner unter sich. Das Treiben der anderen erschien ihnen zu albern. Daß Glucke so hingebungsvoll mit ihren Kindern umging, hielten sie für nicht mehr zeitgemäß. „Sie könnte doch mehr aus sich machen und die Erziehung Hühnern überlassen, die dafür ausgebildet sind, so wie in den großen Hühnerfabriken; überhaupt sollten moderne Hühner etwas Vernünftiges und Nutzbringendes tun. Manche haben sogar einen richtigen Beruf und führen Kunststücke im Zirkus auf“, sprachen sie:

Der Hahn bat seine Hühner, ihn ein wenig alleine zu lassen. Er wollte nachdenken. Von weitem sah er mit einem Auge seine Hühner und zugleich mit dem anderen, etwas abseits, die des Bauern. Er dachte bei sich: „Bin ich nun verrückt, oder sind es die anderen? Oder bin ich gar zu alt, um das noch zu verstehen?“ Den Nachmittag verbrachten einige Hühner auf der Wiese, andere suchten in einem Gebüsch nach Käfern. Eines scharrte am Rand der Wiese das Gras beiseite, und fast hätte es den Regenwurm und dessen Behausung entdeckt; der konnte sich aber rechtzeitig in ein Hinterzimmer seiner Wohnung zurückziehen und war wieder einmal gerettet.

**Kapitel 3**

Die neuen Hühner mochten sich nicht an die für sie neuen Verhältnisse auf dem Hof der Bäuerin anpassen; sie waren an ein Leben ohne Hahn gewöhnt. Nun sahen sie, daß sie von einem Hahn regiert werden sollten. Das würden sie sich nicht gefallen lassen, schon gar nicht von einem Mann. In der Zeit, die sie ohne ihren Hahn lebten, hatten sie begonnen, miteinander zu flirten, zu schmusen und einander Regenwürmer zu schenken, aber auch ihre Liebe zueinander zu entdecken. Es gab keine Unterschiede zwischen ihnen, und sie empfanden sich als gleich. Das wollten sie sich nicht mehr nehmen lassen. Sie verabredeten sich, am nächsten Tag zu den anderen Hühnern zu gehen, um sie aufzufordern, sich aus dem Patriarchat zu befreien. Auf dem Heimweg am Abend ließen sie sich nichts anmerken. Sie aßen und tranken noch etwas, schlugen mit den Flügeln, erzählten einander noch lange von einer besseren Zukunft, kletterten auf das Reck oder legten sich auf das Stroh; die Mäuse beschafften sich ihren Anteil vom Futter, und so schliefen sie bald alle ein. Ihre Träume in der Nacht handelten von einem Himmel ohne Hähne.

Als sich am folgenden Morgen die Hühner auf dem Hof einfanden, wurden sie gewahr, daß der Hofkater der Bäuerin neben der Haustür saß. Der war schon einige Tage nicht mehr gesehen worden. Hin und wieder ging er außer Haus, um die anderen Katzen im Dorf zu besuchen. Deswegen hatte die Bäuerin ihm den Namen „Stromer“ gegeben. Ein guter Jäger war er, das hatten die Gelbhalsmäuse schon leidvoll erfahren müssen. Das war auch der Grund, warum sie sich eine kleine Wohnung unter dem Brett im Hühnerstall genommen hatten. Hier war es warm und trocken, hier durfte Stromer nicht jagen. Weil sie von hier nicht vertrieben werden wollten, bemühten sie sich, die Hühner nicht unnötig zu ärgern.

Mit Stromer hatten die neuen Hühner nicht gerechnet. Ausgerechnet ein Kater, ein Vertreter des Patriarchats; das mußte erst einmal ausdiskutiert werden. Gegen den konnten sie nichts ausrichten. Aber das sollte sie nicht von ihrem Ansinnen vom Vortag abbringen. Sie nutzten eine günstige Gelegenheit, als der Hahn nicht in der Nähe war, und fingen an, mit dessen Hühnern über die prekären Verhältnisse zu diskutieren. Sie sprachen von sexueller Gewalt, von Unterdrückung, Ungleichheit und Doppelbelastung. Auch in der Sprache würden Hühner benachteiligt, das sähe man daran, daß es „DER Hahn", aber „DAS Huhn" heiße. Es sollte künftig „DIE Huhn" heißen, damit Weiblichkeit in der Sprache sichtbar würde; denkbar wäre auch, „der Hahn" und „die Hahnin" oder „die Hühner*_Innen" zu sagen. „Hahn" galt ihnen nur noch als Schimpfwort.

Die Hühner wunderten sich sehr. Sie verstanden nicht, was das sollte. Sie liebten ihren Hahn, der so treu für sie sorgte. Sie hatten nur diesen und kannten auch keinen anderen. Sicher, warum nicht, es könnte ja jedes Huhn einen Hahn haben; darüber hatten sie noch nie nachgedacht. Aber es war doch schon immer so. Wenn sie einmal Streit hatten, zum Beispiel um einen Regenwurm, verstand er es immer, sie zu versöhnen, indem er solange suchte, bis er einen zweiten Wurm fand, auch wenn er weite Wege dafür zurücklegen mußte, so daß beide Hühner einen bekamen:

Hähne lebten immer schon gefährlicher. Erst vor einer Woche hatte er Stromer von der Hühnerleiter vertrieben und dabei großen Mut bewiesen. Nicht jeder Junghahn wurde groß. Die meisten wurden weggebracht, aber wohin, wußte keiner, und so waren sie froh, daß sie ihren Hahn hatten. Eines der Hühner hatte neben anderem Unrat vor Zeiten ein paar alte Bücher in einer Ecke des Stalles entdeckt, darunter auch ein altes Wörterbuch. Es hatte eine Idee: „Ich werde einmal nachsehen, ob das stimmt.“ Das Buch lag noch immer dort, und so begann es, darin zu blättern. Der Buchstabe „i“ hatte am wenigsten Einträge; das würde am schnellsten gehen. Das Huhn zählte alle

Hauptwörter, vor welche man „die“ schreibt, und alle, vor die man „der“ schreibt, und wunderte sich: „der“ gab es 92mal, „die“ aber 177mal, fast doppelt so viele. „Das ist doch eine klare Benachteiligung der Hähne“, sagte es zu den anderen. „Unterdrückt hat er uns auch noch nie“, so ein anderes Huhn, „und Doppelbelastung haben wir nicht“, denn für den Haushalt sorgte die Bäuerin. Der Hahn sah von weitem, daß seine Hühner sehr aufgeregt waren. Er eilte sogleich zu ihnen, um den Grund hierfür zu erfahren.

Sie berichteten ihm von den Anschuldigungen, die sie von den neuen Hühnern gehört hatten. Er empfand deren Verhalten als sehr ungebührlich: „Habe ich euch ein Leid angetan?“ fragte er sie. „Meine Familie und ich wünschen keine Einmischung in unsere Angelegenheiten. Auch sind wir frei in der Wahl unserer Worte, und deswegen werden wir weiterhin so sprechen, wie wir es schon immer getan haben, und wenn euch eure Weiblichkeit nicht sichtbar genug ist, dann öffnet doch die Bluse.“ Nach dieser Ansprache durchfuhr ein Schrecken die neuen Hühner. Sie meinten, sie hätten die falschen Mittel gewählt und so den Zorn des Hahnes auf sich gezogen. Sie wollten nun auf andere Weise Akzeptanz für ihre Lebensweise erreichen und nicht nachlassen, bis sie alle gleich wären.

Das größte Problem war ihnen der Hahn. Der war kräftig. Überwinden konnten ihn die neuen nicht, also brauchten sie eine List: „Wir werden versuchen, ihn vor seinen Hühnern lächerlich zu machen, damit er deren Achtung verliert. Dann werden sie ihm alle fortlaufen!“ Und so verbrachten die alten und die neuen Hühner den Tag als getrennte Gruppen.

Wieder wurde es Abend. Sie kehrten heim, um vor der Nachtruhe noch etwas zu essen und zu trinken, im Stroh zu scharren und mit den Flügeln zu schlagen. Dann stiegen sie wieder auf das Reck oder in das Stroh, sprachen noch über das Wetter, über Regenwürmer und Gelbhalsmäuse; bei denen war auch Ruhe eingekehrt, und so schliefen sie alle ein.

An nächsten Morgen kam die Bäuerin, um die Luke zu öffnen, das Futter zu bringen und um nachzusehen, ob genügend Eier im Stroh lagen. Sie erwartete an dem Nachmittag zur Kaffeezeit Besuch und wollte einen Kuchen backen. Zu ihrer Verwunderung lagen aber nur wenige Eier im Stroh. Es war noch früh am Tag, und so wollte es der Zufall, daß Henne noch nicht den Stall verlassen hatte. So sah sie zum ersten Mal, daß es die Bäuerin war, die ihnen die Eier entwendete, während sie nicht zu Hause waren. Sogleich lief sie zu ihrem Hahn, um davon zu berichten. Er beruhigte Henne und erklärte ihr, daß er vor langer Zeit eine Übereinkunft mit der Bäuerin getroffen habe, nach der sie als Gegenleistung für Nahrung und Unterkunft täglich einige Eier zu bekommen habe. In ihrer Küche angekommen, wunderte sich die Bäuerin sehr: „Ich habe mehr Hühner, aber weniger Eier; da stimmt etwas nicht, ich werde ergründen, woran das liegt“, dachte sie und sah dabei durch das Fenster ihren Hühnern bei deren Treiben zu.

**Kapitel 4**

Am darauffolgenden Tag versammelten sich die Neuen etwas entfernt von den anderen Hühnern auf der Wiese und beratschlagten über eine veränderte Vorgehensweise im Kampf gegen den Patriarchen und über die mögliche Befreiung der anderen Hühner aus deren Patriarchat. Sie beendeten ihre Beratung mit dem Beschluß, einen für alle Hühner offenen Verein zu gründen. Heißen sollte der: „Vereinte feministische Hühnerinnen." Mit gebündelten Kräften müßte es doch gelingen, den anderen ihren Opferstatus vor Augen zu führen:

Also schritten sie sogleich zur Tat, als sich ihnen eine Gelegenheit bot: Der Hahn hatte einen Rechtsstreit mit Stromer zu regulieren, denn der hatte es sich wieder einmal auf der Hühnerleiter bequem gemacht, um ein Sonnenbad zu genießen, und verbat sich hierbei eine jegliche Störung. Die Verhandlungen mit Stromer dauerten eine ganze Weile. Das war eine gute Gelegenheit für die neuen Vereinsmitgliederinnen, sich, vom Hahn unbemerkt, zur Gruppe der anderen Hühner zu begeben und diese in Gespräche zu verwickeln. Sie wiesen mit den Flügeln auf den Hahn, der in der Ferne mit Stromer verhandelte, und sagten: „Seht ihn euch an, wie er mit geschwellter Brust und aufgeplustert vor dem Kater auf und ab stolziert und dabei mit seinen bunten Federn angibt. Sein roter Kamm leuchtet wie ein Grablicht. Er sollte nicht so dick auftragen und nicht so laut mit seiner Stimme krächzen, sonst vertreibt er uns noch die dicksten Regenwürmer und die größten und wohlschmeckendsten Käfer aus dem Boden. Die Zeit der Hähne ist ohnehin vorbei!"

Die Hühner wunderten sich sehr über diese Ansprache und wollten darüber nachdenken. Aber soviel sie auch grübelten, in Erwägung zogen und erörterten: Es ergab für sie keinen Sinn. Noch nie hatten sie jemanden so frech und unvernünftig reden hören.

Da es bereits spät war, begaben sie sich zum Hof und versammelten sich dort im Halbkreis um die Hühnerleiter herum, auf der der Hahn noch immer mit Stromer verhandelte. Durch das Erscheinen aller Hühner vor der Hühnerleiter sah Stromer sich nun doch in Bedrängnis und um sein Vergnügen gebracht und verließ unter Protest den sonnigen Platz vor der Luke auf der Hühnerleiter:

Nun konnten sich alle zum Abendessen in den Stall begeben. In der Nacht fanden sie keine Ruhe: Ein Huhn träumte von der Befreiung aus der Knechtschaft, ein anderes von Eifersucht und der ersten Liebe zu seinem Hahn, ein drittes von dem Regenwurm, und Glucke brütete im Traum noch auf ihren Eiern. Ein fünftes fiel von der Stange, weil es in Alpträumen von Adlern, Füchsen, Mäusen und Würmern geplagt wurde. Der Hahn tat kaum ein Auge zu. Er grübelte hin und her, wußte keinen Rat, wie er die Lage wieder beruhigen könnte:

Von den anderen unbemerkt, drang ein leises Piepsen aus dem Nest hinter den Brettern in den Hühnerstall. Zwei kleine Küken waren geschlüpft. Das Huhn, das sie ausgebrütet hatte, kam mit den Kleinen aus der Ecke hervor und wollte sie den anderen voller Stolz vorführen. Da es aber Nacht war und die anderen Hühner schlecht schliefen oder träumten, fand es keine Beachtung. Enttäuscht ging es mit seinen Küken hinter die Bretter in sein Nest zurück, nahm seine Kleinen unter die Fittiche und schlief ein; es hatte von den Verwerfungen der vergangenen Tage nichts bemerkt.

Als es hell wurde, krähte der Hahn besonders schön zur Begrüßung der Morgensonne und des angebrochenen Tages. Die Luke wurde aufgetan, und alle marschierten nach dem Frühstück die Hühnerleiter hinauf und draußen wieder hinunter.

Dabei hatten sie vergessen, einige Eier in das Stroh für die Bäuerin zu legen; sie waren einfach zu müde. Den Frühsport ließen sie ausfallen, und alle gingen zur Wiese, dort wollten sie noch etwas in der Sonne dösen. Ein paar begaben sich in ein Gebüsch, da sie wegen ihrer Kopfschmerzen das Sonnenlicht nicht vertrugen. Der Hahn setzte sich auf einen Ast, um alles erneut zu bedenken.

## Kapitel 5

Die neuen Küken waren noch zu klein für einen Ausflug auf den Hof und die Wiese, und so blieb das Huhn mit seinen zwei Kindern vorerst im Stall, um sich der Erziehung der Kleinen zu widmen. Als die Bäuerin das Futter brachte, bemerkte sie die Neuankömmlinge mit großer Freude und lobte ihre Mutter für deren Ausdauer und Fleiß, fand aber die vertraglich zugesicherten Eier nicht. Sie sah sich um und dachte: „Wenn die Hühner des Nachbarn sich mit den Meinen nicht vertragen, muß ich sie eben voneinander trennen. Der Stall ist groß genug, um ihn zu teilen."

Wie gesagt, so getan. Es war noch früh am Tage; es war Sonnabend, es war Markttag. Auf einen Zettel schrieb sie, was sie für eine Teilung des Stalles brauchen würde. Dabei fiel ihr ein, daß sie für die neuen Hühner einen Hahn besorgen müsse. Geschwind spannte sie den Stadtwagen an, um auf dem Wochenmarkt die nötigen Dinge einzuholen: Einen Zaun zur Teilung des Hofes, eine Luke und eine Hühnerleiter für den zweiten Stall, neue Futternäpfe, noch ein Reck und einige Bunde Stroh. Bretter für die Teilung des Stalles waren noch vorhanden. Zuletzt besorgte sie einen Hahn für die neuen Hühner. Alles wurde eingeladen und zu ihrem Hof gefahren. Nach dem Mittagessen lud sie die eingeholten Sachen aus und brachte alles zum Stall. Den Transportkorb mit dem neuen Hahn hatte sie in ihr Haus gebracht. Hier sollte er einige Zeit in der Küche und in der Diele bleiben, um sich an die Bäuerin zu gewöhnen.

Der Nachbar, da er nun Zeit hatte, half ihr beim Umbau des Stalles. Bis zum Abend war das Werk vollbracht: Der Hof war durch einen Zaun geteilt, die Luke und die Hühnerleiter angebracht. Für die Teilung des Stalles nahmen sie die Bretter, hinter denen das Nest mit den beiden Küken verborgen war. Auch das Brett, unter dem die Gelbhalsmäuse wohnten, war nicht mehr an seinem Platz. Darum hatten diese nun kein Dach mehr über dem Kopf. Noch bevor die Hühner deren Unglück bemerkten, flohen sie mit ihren Kindern unter das Nest mit den zwei Küken. Dort harrten sie aus, um in der Nacht nach einer neuen Unterkunft zu suchen.

Der Hahn und seine Hühner waren von den Umbauten im Stall sehr beunruhigt, weil sie den Grund hierfür noch nicht recht verstanden. Darum schliefen sie in der Nacht auch nicht gut. Immerhin war es für die Mäuse dunkel genug, um mit der Suche zu beginnen. Dabei entdeckten sie in der gegenüberliegenden Ecke den Stapel alter Bücher. Das war bestes Baumaterial für ihr neues Haus. Das Wörterbuch würde ihnen ein festes Dach sein, und mit dem Papier der anderen Bücher könnten sie die Betten in ihrer neuen Unterkunft füllen. Die Futternäpfe der Hühner lagen auch ganz nah.

Die Bedingungen erschienen den Gelbhalsmäusen als sehr günstig, denn sie konnten weiter im Stall wohnen. Stromer durfte sie hier nicht jagen; es war immer trocken und warm, für Futter war gesorgt. Ohne Verzug begannen sie mit den Bauarbeiten für ihr neues Zuhause. Bis zum ersten Hahnenschrei war die neue Wohnung rohbaufertig. Der Innenausbau sollte nach dem Frühstück erfolgen, wenn alle Hühner außer Glucke und dem Huhn mit den zwei Küken aus dem Hause und zur Wiese gegangen wären. Beide waren mit ihren insgesamt elf Kindern so sehr beschäftigt, daß sie die Mäuse nicht bemerkten. Und so taten sie es: Noch vor dem Mittag feierten die Gelbhalsmäuse Richtfest, und am späten Nachmittag bezogen sie ihr neues Heim.

In dem Augenblick wurde die Tür geöffnet. Die Bäuerin betrat den Stall, um die für die neuen Hühner am Vortag erworbenen Futterschalen in den abgeteilten zweiten Stall zu stellen und mit Futter und frischem Wasser zu füllen. Bald darauf erschien der Hahn mit den Hühnern zum Nachtmahl. Beherzt ergriff die Bäuerin eines nach dem anderen die Hühner, die sie von dem Nachbarn bekommen hatte, um sie in den abgeteilten neuen Stall zu bringen. Den Hühnern wurde bange, sie zeterten und schlugen mit den Flügeln, der Hahn krähte ganz jämmerlich, denn er meinte, sein letztes Stündlein hätte geschlagen.

Es half alles nichts, denn hinaus konnten sie nicht; der Nachbar hatte in Erwartung der Unruhe die Luken von außen geschlossen. Nachdem die Bäuerin den Stall verlassen hatte, wurde es wieder etwas ruhiger. Langsam „schwante“ dem Hahn, daß er künftig wieder mit seiner eigenen Familie leben solle und die neuen Hühner eine eigene zweite Familie sein würden. Die neue Wohnung der Mäuse wäre durch den Tumult fast zum Einsturz gebracht worden. Doch die Konstruktion erwies sich als standfest. Langsam beruhigten sich alle wieder und begaben sich zur Nachtruhe.

In der Nacht waren sie alle noch sehr aufgewühlt und fanden keinen Schlaf. Sie diskutierten über die neue Lage und über das, was der neue Tag an neuerlichen Beunruhigungen für sie bereithalten könnte. Die Nacht verging, der Morgen brach an. Pünktlich krähte der Hahn. Das Frühstück wurde serviert, die Hühner aßen davon, und die Mäuse beseitigten die Reste. Dann ging es zu den Hühnerleitern und hinauf, durch die Luken ins Freie und wieder hinunter in den Hof.

Glucke begleitete sie mit ihren Kindern. Die Kleinen sollten die Umgebung kennenlernen. Die beiden Küken des anderen Huhnes waren noch zu klein für einen Ausflug. Während der Hahn und seine Familie die Wiese aufsuchten, besprachen sie noch einmal die Erlebnisse des Vortages, um festzustellen, daß alles wieder so eingerichtet war, wie es sich für ordentliche Hühner ziemt. Gluckes Küken beobachteten das Verhalten ihres Vaters und der Tanten und taten alles genauso, wie es ihnen die anderen Hühner vorlebten. Sie lernten alles, was man über Regenwürmer, Käfer, Gelbhalsmäuse, Füchse, Adler und Hofkater wissen mußte:

Damit die Kleinen sich zurechtfänden, führte ihre Mutter sie weiter zur Wiese und zu dem Gebüsch, in welchem sie sich im Notfall vor dem Adler und dem Fuchs verbergen und in Sicherheit bringen konnten.

Die Hühnerinnen blieben im Hof, um zu beraten, wie sie sich in der neuen Lage verhalten sollten. Stall und Hof waren nun geteilt, aber auf der Wiese würden sie dem Hahn und seinen Hühnern weiterhin begegnen. Dort könnte ihr Verein „Feministische Hühnerinnen“ auf die Familie des Hahnes weiter einwirken und sie, wenn möglich, für die Notwendigkeit des

Kampfes für das Feminat begeistern. Sie ahnten nicht, daß die Bäuerin am Vortag einen Hahn für sie erstanden hatte.

Als es Abend wurde, begaben sich die beiden Familien in ihre neuen Ställe, um das Abendessen zu sich zu nehmen. Die Aufregungen der letzten Tage hatten sie so sehr beansprucht, daß sie danach wortlos ihre Ruheplätze auf dem Reck aufsuchten, um sogleich einzuschlafen. Selbst das Eierlegen hatten sie vergessen. Die Gelbhalsmäuse nutzten die Gelegenheit und veranstalteten ungestört ein Festmahl an den Futtertrögen der Hühner. Sie tanzten danach bis in die Nacht um deren Futterschalen, als wären es Brunnen in einem Park, so sehr freuten sie sich über den gelungenen Umzug in ihre neue Wohnung:

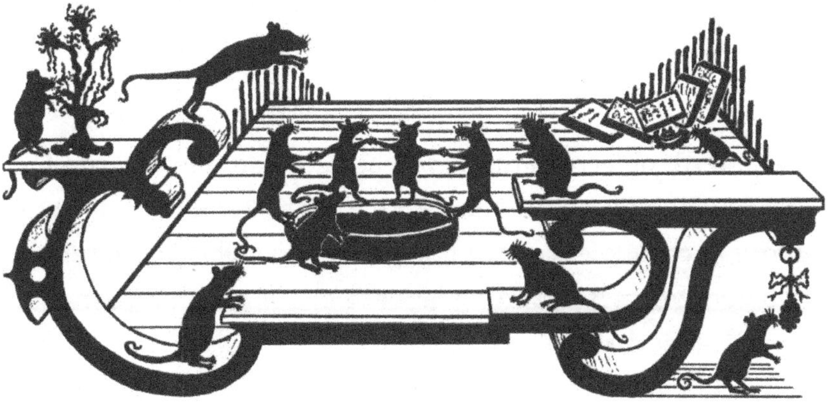

## Kapitel 6

Die Stalltür wurde aufgestoßen, und die Bäuerin trat ein. Sie wollte nachsehen, warum der Hahn am Morgen nicht gekräht hatte. Sie fand alle Hühner schlafend. Erschreckt fuhren sie auf. Weil sie nicht wußten, was geschehen war, liefen sie alle wild umher, schlugen mit den Flügeln, flogen auf und nieder; einige versteckten sich unter dem Reck, bis sich endlich der Hahn wieder sammelte und zu krähen begann. Das beendete das Durcheinander. Die Bäuerin gab ihnen zu essen und zu trinken, gab frisches Stroh auf den Boden und öffnete die Luken, so daß das Tagwerk für alle beginnen konnte. Wieder erstiegen sie die Hühnerleitern, gingen durch die Luken ins Freie und begaben sich in den Hof. Dort angelangt, streckten sie ihre Glieder, räusperten sich ein wenig und suchten Zerstreuung auf ihrer Wiese. Der Hahn verweilte gedankenversunken noch einen Moment im Hühnerhof; es war warm, die Sonne schien.

Da erinnerte er sich an die Vereinbarung über die tägliche Lieferung einiger Eier an die Bäuerin. In dem Bemühen, das Versäumte nachzuholen, eilte er sogleich den Hühnern hinterher. Mit einem beherzten Sprung landete er auf einem im Sandbad dahindösenden Huhn, um seinen Pflichten als Hahn nachzukommen. Entsetzt, von panischem Schrecken angetrieben, sprang es auf, so daß der Hahn rücklings zu Boden fiel. Es floh eiligst zu den Hühnerinnen, um sich bei ihnen über die versuchte Gewalttat zu beklagen. Erst jetzt bemerkte der Hahn seinen Irrtum. Das Huhn, das er zu beglücken suchte, war Mitgliederin in dem Verein „Feministische Hühnerinnen."

Dieses Mißgeschick blieb den anderen Hühnern nicht verborgen. Sie tuschelten untereinander und amüsierten sich köstlich über das verunglückte Liebesangebot des Hahnes. Noch auf dem Heimweg von der Wiese scherzten sie darüber und waren guter Dinge. Dem Hahn war das ganze sehr peinlich, doch konnte auch er am Ende darüber herzlich lachen. Eines der Hühner berichtete Henne am Abend von dem Vorfall. Sie litt gelegentlich unter Eifersucht, weil ihr Hahn, seiner Natur folgend, seine Zuneigung zu anderen Hühnern manchmal ein wenig übertrieb; auch machte sie ihm schwere Vorwürfe, weil das Huhn, dem er seine Liebe schenken wollte, nicht zu ihrer Familie gehörte. Nachdem der Hahn wegen des Vorfalles bei seiner Lieblingshenne um Verzeihung gebeten hatte, beruhigte sie sich wieder. Während des Abendessens scherzten sie noch ein wenig, legten danach ein paar Eier in das Stroh, um sich damit bei der Bäuerin für das gute Essen zu bedanken, und begaben sich wohlgelaunt zur Nachtruhe auf das Reck.

Zur selben Zeit im anderen Stall: Auch hier wurde der Fall leidenschaftlich diskutiert. Es herrschte bei den „Feministischen Hühnerinnen" große Aufregung über die Gewalttat. Der Übergriff des Hahnes am hellichten Tage auf eine ihrer Mitgliederinnen wurde als schwere sexuelle Belästigung eingestuft. Einige meinten, es sei versuchte Vergewaltigung gewesen. Bis in die Nacht wurde heftig diskutiert und gestritten. Aber eine zündende Idee, wie auf die Tat zu reagieren sei, hatten sie nicht. Da es aber schon spät war, vertagten sie die weitere Beratung auf den nächsten Morgen. In der allgemeinen Hektik hatten sie das Abendessen ausgelassen und waren mit leerem Magen auf ihre Schlafplätze gestiegen. Doch auch hier fanden sie keine Ruhe. Die Empörung war so groß wie ihr Hunger und die Furcht vor dem Hahn genau so groß wie ihr Zorn.

Durch die Aufregung bei den Hühnerinnen neugierig geworden, suchten die Gelbhalsmäuse im Stall nach der Ursache, konnten aber nichts finden. Sie bemerkten aber die bis zum Rand gefüllten Futternäpfe. Nach kurzer Beratung faßten sie einen Entschluß:

| | |
|---|---|
| Erstens: | Ein Vorratslager ist einzurichten. |
| Zweitens: | Das Lager muß eine Verbindung zur Wohnung haben. |
| Drittens: | Bretter zur Anfertigung von Regalen sind zu besorgen. |
| Viertens: | Kisten, Gefäße, Säcke und andere Behältnisse sind zu besorgen. |
| Fünftens: | Die Lebensmittel müssen bis zum Morgen dort eingelagert werden. |

Eile war geboten! Einige Mäuse begannen damit, unter ihrer Wohnung einen großen Keller auszuheben, andere richteten einen Weg vom Keller bis zu den Futternäpfen her, eine dritte Gruppe begann mit der Bergung der Lebensmittel aus den Trögen. Die übrigen zimmerten Lagerregale und lagerten die so gewonnenen Vorräte in ihrem neuen Keller ein. Zuletzt schafften alle gemeinsam den angefallenen Bauschutt durch ein offenes Astloch in der Luke nach draußen, über die Hühnerleitern in den Hof, um ihn dort gleichmäßig zu verteilen:

Als die Bäuerin am anderen Morgen das Frühstück brachte, waren die Futternäpfe leer. „Wenn die neuen Hühner einen so großen Appetit haben, werden sie auch bald Eier legen!“ dachte sie und füllte neues Futter ein. Die Mäuse waren begeistert; konnten sie doch nun noch mehr Kinder ernähren. Der Hahn hatte zuvor schon gekräht, alle hatten gefrühstückt, und die Hühner legten pflichtgemäß einige Eier für die Bäuerin in das Stroh. Danach gingen alle über die Hühnerleiter hinaus zum

Hof und nach dem Frühsport zur Wiese, um ihren Geschäften nachzugehen und um neue Erkenntnisse zu gewinnen.

Die Hühnerinnen blieben in ihrem Stall, um ungestört und unbeobachtet von den anderen die vertagte Beratung fortzusetzen: Zuerst stellten sie nach langer Debatte fest, daß der Versuch, den Hahn vor seinen Hühnern lächerlich zu machen, erfolglos geblieben war. Eine andere Strategie mußte her. Darum wurde beschlossen, den Überfall auf eine der Mitgliederinnen ihres Vereines zu nutzen, dahingehende Bemühungen zu verstärken und darin nicht nachzulassen. Dann kam von mehreren Hühnerinnen der Antrag, eine Untersuchungskommission einzusetzen mit dem Auftrag, zu prüfen, ob es möglich sei, Küken von anderen Hühnern zu erwerben oder zu adoptieren: Es hätte sich herausgestellt, daß ein gewisser Neid auf die Mütter der Familie Hahn aufgekommen sei. Dem Antrag wurde mehrheitlich zugestimmt. Weiter wurde beschlossen, eine Mittagspause einzulegen und die Beratungen danach wieder aufzunehmen.

Am Nachmittag wurde die Beratung fortgesetzt. Eine Hühnerin schlug vor, das Zusammenleben des Vereins „Feministische Hühnerinnen“ durch Gesetze und Richtlinien zu regulieren. Sie hatte in einem alten Buch, das neben der Mäusewohnung lag, zufällig solche Gesetze schon einmal gesehen und einen Text mit ähnlichem Inhalt erarbeitet. Der Vorschlag wurde angenommen und die Hühnerin gebeten, ihren Entwurf zu erläutern. Sie trat vor und sagte: „Liebe Mithühnerinnen unseres

Vereins: Hiermit erlaube ich mir, den eben erwähnten Gesetzesvorschlag vorzulesen."

§ 1 Alle Hühnerinnen sind gleich.

§ 2 Kein Hahn und keine Hahnin darf über andere Hühnerinnen herrschen.

§ 3 Die oberste Stange muß vom Reck entfernt werden.

§ 4 Auch Hähne sollen künftig Eier legen und bei Kinderwunsch selbst ausbrüten.

§ 5 Hähne dürfen nicht mehr krähen, sondern nur noch gackern.

§ 7 ... Ach, Entschuldigung, erst kommt § 6 ...

§ 6 Hähne dürfen künftig keine bunten Federn mehr tragen.

§ 7 Hähne müssen ihren roten Kamm mit einem Kopftuch bedecken, um die Familienehre zu wahren und die Hühnerinnen nicht verrückt zu machen.

§ 8 Hähne dürfen die Brust nicht so stolz nach vorne strecken.

§ 9 Hähne dürfen ihren Kopf nicht höher erheben als Hühnerinnen.

§ 10 Hähne müssen den Blick senken, wenn sie Hühnerinnen begegnen.

§ 11 Künftig muß gendergerecht gesprochen werden.

Der Gesetzentwurf wurde nach ausführlicher und intensiver Beratung einstimmig angenommen. Ein Ergänzungsantrag über den Geltungsbereich der neuen Gesetze und Bestimmungen wurde ebenfalls mit Mehrheit beschlossen, wonach die Gesetze auch für die Familie Hahn zu gelten haben. „Gibt es noch weitere Wortmeldungen?“ – „Ja, hier“, meldete sich eine andere Hühnerin: „Soweit ich weiß, hat jeder ordentliche Verein auch eine Vereinsfahne, bei der frau sich versammeln kann. Daher beantrage ich die Beschaffung einer solchen. Und ich meine, wir sollten sie an unserem Versammlungsplatz hinten auf der Wiese aufstellen, dort, wo wir unseren Verein gegründet haben.“ – „Wie sollte denn die Vereinsfahne beschaffen sein?“ fragte die Sprecherin in die Runde. – „Ja, hmmm, irgendwie – eine Idee hätte ich ja, aber ... nein, das geht doch nicht so“. – „Ich hab's“, so eine andere Mitgliederin des Vereins. Die Vereinssprecherin bat diese Hühnerin nach vorne, damit sie den anderen Hühnerinnen ihren Vorschlag vortragen und erläutern konnte. „Wir sollten den befleckten Schlüpfer unserer vom Hahn mißbrauchten Mitkämpferin – ich hatte ihn in weiser Voraussicht vor dem Müll gerettet und zeige ihn hier – dafür zu verwenden. Zur Mahnung an alle Hähne und zur Hebung unseres Kampfeswillens gegen das Patriarchat und das Machogehabe. Das würde unserer allgemeinen Misandrie weithin sichtbar Ausdruck verleihen. Ich habe auch schon eine gute Idee, wie das aussehen könnte. Etwa so:“

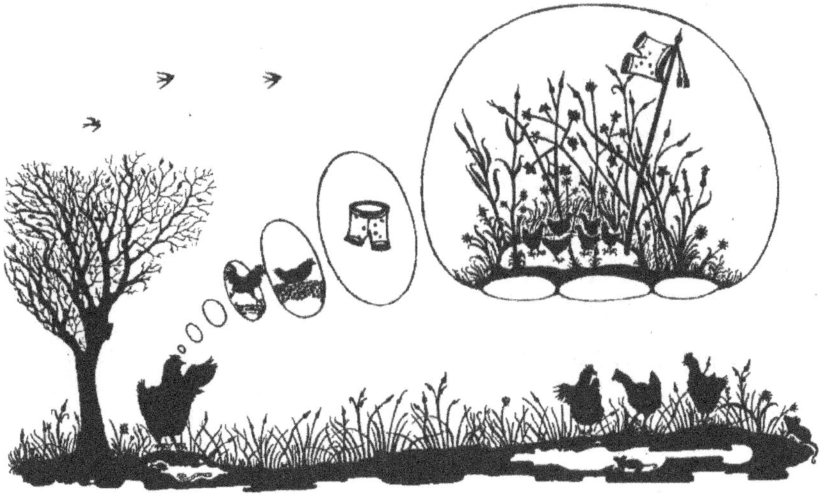

„Dann wollen wir zur Abstimmung kommen", rief die Vereinssprecherin in die Runde. „Wer ist dafür? ... Also alle. Gibt es Gegenstimmen? ... Sehe ich nicht, damit ist der Vorschlag angenommen! Ich selbst", sagte die Vereinssprecherin, „habe auch noch zwei Anliegen: Erstens werde ich bei Beginn und am Ende unserer Vereinsabende bei unserer Fahne eine Grußformel sprechen. Mein Vorschlag lautet: ‚FÜR GENDEREI UND FEMINISMUS, SEID BEREIT', und ihr antwortet mir: ‚IMMER BEREIT!'" Alle waren einverstanden. „Zweitens bitte ich die musikalischen Hühnerinnen unter euch, mir Vorschläge für eine noch zu komponierende Vereinshymne zu unterbreiten, die wir zu feierlichen Anlässen bei unserer Fahne singen wollen." Zaghaft meldete sich eine Mitgliederin zu Worte: „Ich würde gerne ein Gedicht vortragen, das ich mir aus Freude über die Gründung unseres Vereines ausgedacht habe." – „Ja bitte?" – „Es lautet so":

Hühnerinnen,
seid umschlungen, uns'rer Sitte hohe Wacht.
Wahre Treue,
schwer errungen, bis ein schön'rer Morgen tagt.
Hühnerinnen,
stammverwandt, bleibet treu dem Mutterland.

*(Abwandlung des Schleswig-Holstein Liedes)*

„Ich könnte mir das als sehr feierlich vorstellen, wenn wir eine Melodie dazu hätten und das dann gemeinsam sängen." – „Das war sehr schön", sagte die Vereinssprecherin und fragte in die Runde: „Hat jemand die Idee zu einer dazu passenden Melodie?" – „Ja, ich", meldete sich eine andere Mitgliederin. „Ich habe einen Vorschlag: Ich werde nah am Zaun, der den Hof begrenzt, dort, wo der Sand schön weich ist, ein paar Linien ziehen. Dann sollten wir uns alle eng aneinander oben auf den Zaun setzen und ausnahmsweise ein paar Eier legen, so, daß alle Eier unten auf die Linien im Sand fallen. Möglicherweise könnten wir aus der Lage der Eier auf den Linien eine Melodie für unser Vereinslied ableiten." Dafür gab es viel Beifall. Sogleich eilten alle in den Hof, und so geschah es:

*(Melodie des Schleswig-Holstein Liedes)*

## Kapitel 7

Nach dem Ende der Versammlung übten sie noch eine Weile die neue Vereinshymne und auch die neue Grußformel, dann begaben sich die Hühnerinnen in den Hof und auf den Weg zur Wiese. Da trat die Bäuerin aus der Küchentür und ebenfalls in den Hof, um Abwaschwasser auszugießen. Mit einem Schwung leerte sie den Eimer. In einem hohen Bogen ergoß sich der Inhalt in Richtung Wiese, wo der Regenwurm seine neue Wohnung eingerichtet hatte. Das führte augenblicklich zur Überschwemmung sämtlicher Räume. In seiner Not und mit letzter

Kraft kroch er ins Freie, um nicht zu ertrinken zu müssen und um sich von der Sonne wieder trocknen zu lassen. Eben hatte sich das Wasser verlaufen und den Eingang freigegeben, als sich das Huhn näherte, das ihn schon vor einigen Tagen hatte verspeisen wollen. Ein panischer Schrecken durchfuhr ihn. In großer Eile und in letzter Sekunde erreichte er seinen Eingang, kroch hinein und verbarg sich im Hinterzimmer seiner Behausung. Abermals war es dem Huhn zu dessen großem Ärger nicht vergönnt, den Regenwurm zu bekommen.

Die Hühnerinnen sahen vom Hof aus das Drama. Sie eilten zu dem Huhn, um es in seinem Unglück zu trösten. Der Hahn hatte davon nichts bemerkt. Das gab den Vereinsmitgliederinnen die Möglichkeit, die Unzufriedenheit des Huhnes zu nutzen: Sie erzählten ihm von den neuen Gesetzen, und daß nun alle gleich wären und jetzt alles besser würde, weil der Hahn sie nun nicht mehr bedrängen dürfe und weil er die Eier künftig selbst legen solle, wenn er sich Kinder wünsche oder wenn er die Bäuerin damit zu erfreuen suche: „Wir sind jetzt frei, gleich und emanzipiert", sagten die Hühnerinnen zu dem Pechvogel.

Das gefiel dem Huhn. Es bat um Aufnahme in den Hühnerinnenverein, nachdem ihm viele Regenwürmer als Begrüßungsgeschenk versprochen worden waren. Noch am selben Abend verließ es unbemerkt seine Familie und zog zu den Hühnerinnen in den benachbarten Stall. Zur Begrüßung der neuen Mitgliederin veranstalteten die „Feministischen Hühnerinnen" ein Fest. Die Freude über den Neuzugang war groß. Endlich zeigten die Maßnahmen zur Bekämpfung des Patriarchats einen

Erfolg. Zu Beginn der Feier wurden die neue Vereinsfahne mit dem Aufsagen der Grußformel eingeweiht und danach der neuen Mitgliederin des Vereins eine große Tüte voller Regenwürmer überreicht. Zum Ende der Feier wurde zum ersten Male die neue Vereinshymne „HÜHNERINNEN, SEID UMSCHLUNGEN“ vorgetragen. Wie zu Beginn der Feier so wurde auch am Schluß der Feierlichkeiten das Grußwort „FÜR GENDEREI UND FEMINISMUS, SEID BEREIT – IMMER BEREIT“ gesprochen. Die Feier war so laut, daß die Familie Hahn nebenan nicht schlafen konnte.

Am Morgen des folgenden Tages regnete es. Hahn, Hühner und Hühnerinnen waren unpäßlich. Das Krähen wollte dem Hahn nicht recht gelingen, und niemand mochte zur Wiese gehen, auch den Frühsport ließen sie ausfallen. Die Bäuerin wunderte sich über die Ruhe in ihrem Hof. Sie ging zum Stall, um nachzusehen, was geschehen war: Was sie sah, war ein Bild des Jammers. Hühner und Hühnerinnen lagen im Stroh, ein paar klemmten zwischen den Stangen im Reck, und der Hahn schaffte es vor Müdigkeit nicht, von seiner Stange herunterzusteigen: Er hatte starkes Kopfweh.

Der herbeigerufene Arzt konnte nach genauer Untersuchung eine Erkrankung der Hühner nicht feststellen. „Sie sind auch nicht vergiftet worden, und das Futter ist gut und nahrhaft. Hier kann die Ursache für den Zustand der Hühner nicht liegen“, sagte der Arzt und: „Es handelt sich sicher um ein psychosomatisches Phänomen.“ Er empfahl, die Hühner weiter zu beobachten, um der Ursache näherzukommen. „Allerdings gäbe es noch die Möglichkeit, einen zweiten Hahn anzuschaffen, das könnte die Lage deutlich entspannen, denn durch die Teilung des Stalles gibt es jetzt zwei Hühnerfamilien." Darauf antwortete die Bäuerin: „Ich habe schon einen zweiten Hahn besorgt und den in meiner Küche und Diele laufen lassen, um ihn an mich und das Haus zu gewöhnen. Aber das braucht noch einige Tage." – „Sehr gut", sagte der Arzt, gab ihr ein Medikament zur Stimmungsaufhellung und zur Verbesserung der Konstitution der Hühner und verabschiedete sich.

Die Bäuerin gab das Mittel in die Futterschalen und verließ den Stall. Wegen ihrer Appetit- und Lustlosigkeit, und auch weil sie alle übernächtigt waren, rührten die Hühner und Hühnerinnen ihr Essen kaum an. Darüber freuten sich die Gelbhalsmäuse sehr, konnten sie doch ihren neuen Vorratskeller nun bis unter die Decke füllen. Der Anblick ihres Speichers erinnerte eine Maus an ein merkwürdiges Ritual der Bäuerin und ihrer Familie: „Wenn deren Speicher im Herbst bis unter die Decke gefüllt ist, feiern sie einen ganzen Tag und bis in die Nacht. Das sollten wir auch tun, um unsere Freude und Dankbarkeit darüber zu zeigen, daß wir jetzt Vorräte für ein ganzes Jahr haben", sprach die Maus zu den anderen, denen die Idee gefiel. Also nahmen sie etwas von den neuen Vorräten und begannen gleich am Mittag zu feiern, und sie feierten bis in die Nacht, wurden immer lustiger und trieben grobe Späße miteinander. Eine Maus erstieg voller Übermut die Hühnerleiter und benutzte das offene Astloch in der Luke, das einen Blick in den Hof gestattete: Draußen war es dunkel, der Mond schien. Sie stieg hindurch ins Freie, die Hühnerleiter hinunter in den Hof, alle anderen wie trunken hinterher.

Das blieb nicht unbemerkt: Stromer saß auf der Fußmatte vor der Tür zur Küche und verbarg sich hinter dem dort abgestellten Wassereimer, um auf eine günstige Gelegenheit zu warten – die kam. Die Mäuse tanzten angeheitert mitten im Hof eine Pavane und bemerkten die drohende Gefahr nicht. Sie wußten ja nichts von dem aufheiternden Medikament in ihrem Essen, sahen nicht den anschleichenden Stromer:

Der setzte zum Sprung an, und das Unglück nahm seinen Lauf. Er schnappte sich eine noch unerfahrene Cousine der Mäusefamilie, spielte eine Weile mit ihr, ließ sie frei, um sie erneut zu fangen, wiederholte das Spiel einige Male und machte ihr dann ein jähes Ende. Dann legte er die Maus auf die Schwelle zur Küchentür. Derweil entkamen die übrigen Mäuse in einer überstürzten Flucht über die Hühnerleiter und durch das Astloch in der Luke zurück in den Hühnerstall, in ihre Wohnung unter dem Lexikon und in Sicherheit. So wurde aus dem überschwenglichen Erntedankfest eine Trauerfeier.

Die Hühner merkten von alldem nichts. Sie waren von den Ereignissen der Vortage und -nächte so erschöpft, daß nur das Krähen des Hahnes am frühen Morgen sie aufwecken würde. Als der neue Tag begann, waren die Wolken endlich fortgezogen. Sie hatten es bei der Erfüllung ihrer Aufgabe etwas übertrieben und Felder, Wiese und Hof zu sehr mit Regen bedacht. Darum hatte der Regenwurm den Eingang zu seiner Wohnung mit einem Verschluß aus aufgerollten Blättern verstopft, so daß es nicht hineinregnete. Die Sonne stieg auf, bemerkte das Malheur und ließ ihre Strahlen das überschüssige Naß wieder auflecken.

Die Hühner und Hühnerinnen, die Menschen, der Hofkater und die Mäuse erwachten. Die Bäuerin brachte ihren Hühnern das Frühstück mit dem vom Arzt verordneten Medikament. Sie aßen davon, stiegen dann die Hühnerleiter hinauf, durch die Luken ins Freie, draußen die Hühnerleiter wieder hinunter in den Hof zum Frühsport. Danach erholten sie sich eine Weile und schlenderten hinaus zu ihrer Wiese. Alle unterhielten sich miteinander, scharrten im Gras, zeigten einander die erbeuteten Würmer und Käfer und waren wohlgemut.

Glucke mit ihren Kindern und das Huhn mit den zwei Küken blieben derweil im Hof zurück, um den Unterricht für die Kleinen um ein Kapitel zu erweitern. Auf dem Stundenplan stand: Wie verhalten sich Küken bei Anwesenheit von Menschenkindern? Da fügte es sich, daß die Enkelin der Bäuerin neben der Küchentür auf der Feierabendbank saß. Gerade hatte sie den Teddybären ihres Bruders angewiesen, besser zuzuhören, wenn sie etwas sagt, nicht immer zu widersprechen und sich ordentlich hinzusetzen. In ihrem Arm hielt sie sorgsam ihre Negerpuppe mit den schönen braunen Schlafaugen und zwei schneeweißen Zähnchen. Einige Kekse hatte ihr die Großmutter mitgegeben. Sie fütterte ihre Puppe damit.

Glucke sah die herabfallenden Krümel und bedeutete ihren Kindern, diese aufzusammeln und davon zu essen. Eifrig sammelten die Kleinen die Krümel, und das Mädchen gab ihnen mehr von ihren Keksen. Da es freundlich war, erlaubte ihre Mutter, auf die Hand des Mädchens zu steigen und sich von ihm streicheln zu lassen. So lernten die Kleinen, daß es freundliche Menschenkinder gibt:

Danach ging es weiter an der Küchentür entlang. Auf der Schwelle lag noch immer die Maus, die Stromer in der Nacht gefangen hatte, um sie aus Dankbarkeit der Bäuerin zu zeigen. In dem Augenblick trat diese aus der Tür, um nach ihrer Enkelin zu sehen, und bemerkte die Maus auf der Türschwelle. Sie lobte den Kater für den Fleiß und sein Geschick beim Jagen, zeigte der Enkelin die Maus und bat sie, diese ordentlich zu begraben. Das Kind tat, wie ihm geheißen war, streichelte traurig das seidenweiche Fell des Tieres, bereitete ihm ein kleines Grab und legte einige Gänseblümchen darauf.

## Kapitel 8

Aber da waren Glucke mit ihren neun und das Huhn mit seinen zwei Kindern schon zur Wiese weitergezogen, um den Unterricht an einem anderen Gegenstand fortzusetzen. Auf dem Weg dorthin bemerkten sie, daß eine ihrer Schwestern sich bei dem Verein der Hühnerinnen aufhielt. „Was machst du hier, warum bist du nicht bei deiner Familie und bei unserem Hahn?“ fragten sie und bekamen zur Antwort: „Ich werde nicht zu dem Hahn zurückgehen, denn ich bin hier jetzt frei und gleich mit den anderen Hühnerinnen und muß mir von niemandem mehr etwas sagen lassen, erst recht und schon gar nicht von dem Hahn, der immer neben seiner Lieblingshenne sitzt und mit seinen bunten Federn so angeberisch daherstolziert.“ Darauf gingen Glucke und das Huhn mit den zwei Kindern zu ihrer Familie und berichteten dem Hahn von dem Erlebnis.

Der traute seinen Ohren nicht und ließ sich noch einmal berichten. Er dachte: „Da werde ich wohl einschreiten müssen.“ Er eilte hocherhobenen Hauptes, flügelschlagend und mit Wut im Bauch zum „Verein feministische Hühnerinnen“, um seinen Unmut kundzutun: „Mir wurde berichtet, daß ihr mir eines meiner Hühner abspenstig gemacht habt! Es gehört aber zu meiner Familie. Wenn es nicht mehr bei uns leben möchte, hätte es das mit uns besprechen oder es mir sagen müssen. Warum habt ihr das getan?“

„Ja, ... wir ... ähh, ... wir wollten doch nur ... und überhaupt ... hmmmmmm ... – sagt ihr doch mal was!“ ... Eine andere Vereinshühnärrin hatte sich derweil gesammelt und sprach zu dem Hahn, daß sie jetzt neue Gesetze und Vorschriften hätten, und die wären auf jeden Fall auch für Hähne und deren Familien gültig. Darum müßten Hühnerinnen auch nicht mehr zuhause Bescheid sagen, wenn sie ihre Familie verlassen wollten. Im Übrigen hätten Hähne jetzt nichts mehr zu sagen, denn die Hühnerinnen seien jetzt alle gleich. Henne und alle anderen Hühner seiner Familie seien jetzt frei und dürften selbstbestimmt leben. Künftig sei das Krähen verboten. Auch dürften Hähne von jetzt an keine bunten Federn mehr zeigen. Die Gesetze müßten auf jeden Fall eingehalten werden. Das Essen bräuchten Hähne auch nicht mehr zu prüfen, und finden würden sie ihr Essen auch von alleine, auch sei das Patriarchat von nun an abgeschafft. Dem Hahn wurde schwindelig. Er taumelte, fiel von den Füßen und sah Sterne um seinen Kopf kreisen. Beinahe wäre er in Ohnmacht gefallen. Es brauchte einige Zeit, bis er seine Gedanken wieder ordnen konnte:

Dann stand er auf und ging zu seiner Familie: „Was habe ich falsch gemacht, was wirft man mir vor, ging es uns nicht immer gut?“ fragte er seine Hühner, seine Lieblingshenne, Glucke und das Huhn mit den zwei Küken. „Waren wir nicht immer eine glückliche Familie?“ – „Das waren wir. Bis die neuen Hühner hergebracht wurden. Seither gibt es dauernd Ärger und Streit“, antwortete Glucke und fuhr fort: „Erst gestern fragte mich eine der Hühnerinnen, ob ich nicht Lust hätte, eines meiner Kinder gegen eine Tüte mit Regenwürmern einzutauschen: Ich habe sie davongejagt. So geht das nicht weiter.“ Darauf sagte der Hahn: „Ich werde noch einmal zu den feministischen Hühnerinnen gehen und ihnen unseren Standpunkt erläutern.“

Der Weg dorthin führte den Hahn quer über die ganze Wiese. So hatte er Gelegenheit, sich seine Worte ganz genau zu überlegen. Die Hühnerinnen sahen den Hahn sich ihnen nähern. Da sie wegen der vorangegangenen Provokation mit dessen Angriff rechneten, drängten sie sich zusammen, um einander zu schützen. „Ich werde euch nichts tun", sagte er. Und weiter: „Ihr habt mir eines meiner Hühner abspenstig gemacht und meiner Familie Schaden zugefügt! Sei's drum. Ihr erwartet für eure Ansichten Akzeptanz. Die werdet ihr aber nicht bekommen. Was ich euch anbieten kann, wäre Toleranz, aber nur auf Gegenseitigkeit. Ihr toleriert unsere Lebensweise und wir die eure. Wenn ihr Toleranz gegen uns nicht aufbringen könnt, bedeutet das Kampf. Ihr habt keine Garantie, daß ihr den gewinnen könnt. Als Hahn bin ich bestens dafür gerüstet. Überlegt euch das und gebt mir Bescheid, wie ihr euch dazu verhalten wollt."

Ohne nach dieser Ansprache auf eine Antwort zu warten, ging er zurück zu seiner Familie. Ein langer, ereignisreicher Tag lag hinter ihnen. Müde und schweigend gingen sie zurück über ihre Wiese, den Hof, die Hühnerleiter, durch die Luke in den Hühnerstall. Sie aßen und tranken noch etwas, legten noch einige Eier für die Bäuerin in das Stroh und stiegen danach auf das Reck, der Hahn und seine Lieblingshenne auf die oberste Stange, die anderen Hühner darunter, Glucke mit ihren Kindern machten es sich auf der unteren Stange bequem. Das Huhn mit den zwei Küken setzte sich daneben. Bald darauf schliefen sie ein.

## Kapitel 9

Die Hühnerinnen blieben noch lange auf der Wiese. Sie diskutierten in großer Aufregung über den Vorfall. Flügelschlagend und gackernd liefen sie durcheinander und fanden keine Lösung für ihr Problem. Aber so schnell wollten sie nicht aufgeben. Ein Kompromiß schien ihnen undenkbar und der Feminismus als einzig mögliche Gesellschaftsform. Kein Hahn sollte mehr über sie bestimmen.

Es war schon spät in der Nacht, als sie sich auf den Heimweg begaben. Das leise Rascheln in dem nahen Gebüsch bemerkten sie in ihrer Erregung nicht. Den Hof hatten sie fast erreicht, da gab es einen Schlag! Ein Tumult entstand, Federn flogen! „Was war das?“ fragte eine Hühnerin die anderen. „Seht nur dort!“ rief eine andere und wies mit dem Flügel zur Wiese. Der Fuchs lief eiligen Schrittes fort, über die Wiese zu einem Wäldchen und zu seiner Wohnung. Er hatte, die Unachtsamkeit der Hühnerinnen nutzend, in einem Satz aus dem Gebüsch heraus eine der Hühnerinnen am Hals gepackt und entführt:

Überstürzt und in großer Hast liefen die anderen flügelschlagend und gackernd über den Hof, die Hühnerleiter hinauf und allesamt gegen die Luke. Dort prallten sie zurück und fielen zu Boden. Die Bäuerin hatte zur rechten Zeit die Luken zu den Hühnerställen geschlossen. Da saßen sie nun wie ein Häuflein Elend, von Angst gepeinigt, hungrig, in dunkler, kalter Nacht, dicht aneinandergedrängt unter der Hühnerleiter, und von niemandem vermißt.

Die Gelbhalsmäuse hatten sich von dem übermäßigen Gebrauch des Medikamentes, das der Arzt den Hühnern verschrieben hatte, und von der Trauer über den Verlust ihrer Cousine erholt und faßten neuen Mut: Sie waren die ganze Nacht damit beschäftigt, die Futterschalen der Hühnerinnen zu leeren und die gewonnenen Vorräte in ihrem Vorratskeller einzulagern. Das dauerte bis zum frühen Morgen, dann war die Arbeit getan. Noch vor Sonnenaufgang legten sie sich zur Ruhe und schliefen fast den ganzen Tag. Das Feiern unterließen sie nach gehabtem Schaden tunlichst.

Wieder krähte der Hahn, und das Leben erwachte auf dem Hof. Im Stroh spielten die Küken, der Hahn und seine Hühner reckten und streckten sich, stiegen dann von ihren Schlafplätzen, legten einige Eier für die Bäuerin und erwarteten das Frühstück. Das wurde auch gleich serviert. Aber wo waren die neuen Hühner? Die Bäuerin wunderte sich und wollte erst einmal die Luken öffnen, damit Familie Hahn zum Frühsport in den Hof gehen konnte. Dabei entdeckte sie das Häuflein Elend unter der Hühnerleiter im Hof. Sie sah, daß es so nicht weitergehen durfte, und hielt die Hühnerinnen an, erst einmal in ihren Stall zu gehen, damit sie etwas zu essen bekamen.

Da spazierte der Hahn mit seiner Lieblingshenne und den anderen Hühnern, mit Glucke, ihren Kindern und mit dem Huhn und dessen zwei Küken bereits auf dem Weg über den Hof, hin zu der Wiese und blickten fröhlich und unbeschwert in den neuen Tag.

„Was soll ich tun?“ fragte sich die Bäuerin. „Die Hühner vom Nachbarn wollen sich nicht an die anderen gewöhnen: Ich werde es heute einmal mit dem neuen Hahn versuchen“, dachte sie und ging in die Diele ihres Hauses, um den Hahn zu holen. Sie klemmte sich das Tier unter den Arm, ging quer über den Hof zum Hühnerstall und setzte ihn mitten in die Schaar der „Feministischen Hühnerinnen“. Damit hatten die nicht gerechnet. Panischer Schrecken durchfuhr sie: Ein Hahn! Ein Vertreter des Patriarchats! Mitten unter ihnen! Sie vergaßen das Essen, drängten sich in einer Ecke ihres Stalles zusammen. Wie angewurzelt starrten sie auf ihren neuen Hahn.

Der stolzierte mit geschwellter Brust und leuchtend rotem Kamm über dem hocherhobenen Kopf im Stall auf und ab und besah sich seine neuen Hühner. Dann prüfte er das Essen, und bedeutete ihnen, davon zu probieren. Die waren noch immer wie erstarrt. Also stellte er sich vor ihnen auf, schlug gewaltig mit den Flügeln, so daß einige Hühnerinnen umgeweht wurden, und krähte, wie er es noch nie getan hatte. Das beeindruckte die Damen des Vereines so sehr, daß sie, ohne zu widersprechen, zurück an den Futtertrog gingen und aßen.

Nach dem Essen sagte er, daß er beabsichtige, mit ihnen eine Familie zu gründen, und bat sie, ihn nach draußen zu begleiten, um sie besser kennenzulernen. Die Hühnerinnen wagten es nicht zu widersprechen und folgten ihrem neuen Hahn ohne Protest dorthin, so eingeschüchtert, aber auch beeindruckt waren sie von seiner Erscheinung. Er fragte sie, woher sie kämen, wer vordem ihr Hahn gewesen war, warum sie nun ohne ihn lebten und wie sie sich das Zusammenleben mit ihm nun vorstellten. Sogleich suchten sie nach einer Antwort, waren aber unvorbereitet. Darum baten sie sich Bedenkzeit aus. Der neue Hahn hatte ein Einsehen und ging solange zur Familie Hahn auf der anderen Seite der Wiese, um sich dort bei seinen künftigen Nachbarn bekanntzumachen.

Die Hühnerinnen vom feministischen Verein waren nun in einer Zwickmühle. Auf keinen Fall wollten sie ihre Ansichten ändern und auch nicht ihre Lebensweise. Aber wie sollten sie das ihrem neuen Hahn erklären? Sie diskutierten hin und her und noch einmal quer dazu und hoch und runter, zuletzt alle durcheinander. Bis die Sprecherin des Vereines sich bereit erklärte, ihrem Hahn zu sagen, daß sie mit ihm nur zusammenleben wollten, wenn er sich an die neuen Gesetze hielte. Sie gingen zum Hof, denn dort gab es eine große freie Fläche, und schrieben mit den Krallen alle elf Paragraphen ihres Gesetzes in den Sand. Als sie fertig geschrieben hatten, eilten sie zur Wiese zurück. Dort wartete bereits ihr neuer Hahn. Der fragte nun noch einmal, warum sie ohne Hahn gelebt hätten, wo der geblieben war und was sich sonst so ereignet habe.

Die Vereinssprecherin hub an und erzählte von dem verschwundenen Hahn, daß sie nicht wüßten, wo er geblieben war; von dem Bauern, der sie sich selbst überlassen und dann zur Bäuerin gebracht hatte; davon, daß sie sich ohne Hahn zurechtfinden mußten und dann den Verein „Feministische Hühnerinnen“ gegründet hatten. Weiter sagte sie, daß sie ihre neue Lebensweise auch beibehalten wollen, frei und gleich, und daß sie sich Gesetze gegeben hätten, die das Zusammenleben regeln würden. Wenn der neue Hahn bei ihnen bleiben wolle, müsse auch er sich danach richten. Sie bat ihn, ihr zum Hof zu folgen, dort seien ihre Gesetze aufgeschrieben. Der neue Hahn war beeindruckt von der Ansprache, folgte der Hühnerin zum Hof und begann mit dem Studium der Gesetze:

Um besser sehen zu können, stieg er auf eine niedrige Mauer, vor der ein Regenwurm damit beschäftigt war, seine gesammelten Blätter zu sortieren. Von dort oben konnte der Hahn den ganzen Hof und den Gesetzestext übersehen:

§ 1 Alle Hühner sind gleich?
§ 2 Kein Hahn und keine … Hahnin?
§ 3 Die oberste Stange …
§ 4 Hähne sollen Eier legen?
§ 5 und nicht mehr krähen?, roter Kamm…!? Bunte Federn? Kopftuch tragen!? Blicke senken
…
§ 11 ??? …? …! …?

Las es und mochte es nicht glauben.

„Was ist das? Seid ihr von Sinnen?“ Und fuhr fort: „Meine Hühner scheinen Hühner zu sein und sind es doch nicht!“ Er dachte bei sich: „Ein Weiser prüft und achtet nicht, was der gemeine Pöbel spricht.“ Aber weiter sagte er in aller Ruhe zu den Hühnerinnen: „Es mag ja sein, daß ihr in bester Absicht gehandelt habt. Doch gibt es noch andere Hühner auf dem Hof, und die sagten mir vorhin, daß sie eure Lebensweise nicht akzeptieren, sondern bestenfalls tolerieren könnten, wenn ihr die der anderen auch toleriert. Ihr seid also mit euren Ansichten in der Minderheit, und das wird auch so bleiben. Es geht auch nicht, daß ihr nur gelegentlich mal ein Ei legen wollt, wenn ihr gerade dazu Lust habt: Es gibt Verbindlichkeiten, Erwartungen und Pflichten. Wenn ihr die erfüllt, könnt ihr auch eure Rechte einfordern; Rechte und Pflichten sollten im Gleichgewicht sein, sonst geht die Gemeinschaft zugrunde.“ Dann sagte er: „Ich werde noch einmal zur Wiese gehen, mit Familie Hahn sprechen und weiter darüber nachdenken.“

Auf der Wiese war aber niemand mehr, denn es war spät geworden. Und so ging der Hahn zurück zu seinen Hühnerinnen, mit ihnen zur Hühnerleiter, durch die Luke in den Stall, dort aßen und tranken sie zu Abend und setzten sich zur Nachtruhe auf ihr Reck; der Hahn auf die zweite Stange – die erste war entfernt worden – die Hühnerinnen darunter. Von den Aufregungen des Tages waren sie so erschöpft, daß sie alle gleich einschliefen. Nebenan bei Familie Hahn wurde noch lange über die Marotten der Hühnerinnen gesprochen und gescherzt, bis endlich zu später Stunde der Schlaf Einzug hielt.

Als in der Nacht alle Hühner und ihr Hahn eingeschlafen waren, hatten die Gelbhalsmäuse noch die Reste aus den Futternäpfen der Hühner und Hühnerinnen zu bergen, alles zu ihrer Wohnung zu schaffen und die gewonnenen Vorräte in ihren Vorratskeller einzustapeln. Endlich konnten auch sie sich, nachdem sie noch etwas gegessen hatten, nach getaner Arbeit zur Ruhe betten.

## Kapitel 10

„Kikeriki!" schallte es am Morgen aus dem einem Hühnerstall, und „Kikerikikeriki!" aus dem anderen. Das war nicht zu überhören. Die Bäuerin kam, brachte das Essen und öffnete die Luken.

Hühner und Hühnerinnen aßen noch ihr Frühstück, da traten die beiden Hähne zu einem Sängerwettstreit vor die Luken und krähten um die Wette, bis ihnen die Stimme versagte:

Die Bäuerin öffnete das Fenster, um nachzusehen, was das zu bedeuten habe; Kater Stromer hielt sich die Ohren zu, nachdem er von dem Hahnengesang jäh aus dem Schlaf gerissen worden war. Endlich kamen die Hühner, nachdem sie einige Eier gelegt hatten, aus ihrer Wohnung in den Hof zum Frühsport. Sie sprangen hoch und nieder, schlugen mit den Flügeln und wedelten keck mit dem Schwanz. Danach räusperten und schüttelten sie sich, um die Federn zu sortieren: „Man wird geschätzt, wie man sich kleidet", sagte ein Huhn zu einem anderen. Sie wollten schön sein, wenn sie mit ihrem Hahn zur Wiese ausgingen.

Der Weg führte sie zu dem Gebüsch, das sie vor der Sonne und vor dem Adler schützte. Unterwegs sammelten sie Würmer und Käfer und scherzten miteinander. Dort angekommen, setzte sich der Hahn auf einen Ast, von dem aus er die ganze

Wiese überblicken konnte, und versuchte, seine Stimme wiederzuerlangen. Henne und die Hühner nahmen ein Sandbad, Glucke unterrichtete die Kinder im Erwachsenwerden – ein schöner Tag lag vor ihnen.

Der neue Hahn und die Hühnerinnen warteten, bis Familie Hahn den Hof verlassen hatte, und gingen dann schweigend ihren Weg zur anderen Seite der Wiese. Sie überlegten und grübelten, wie sie das Gespräch vom Vorabend fortsetzen wollten. Allen war klar, daß es Streit geben werde, denn die Hühnerinnen, aber auch ihr Hahn wollten von ihren Überzeugungen nicht abweichen. Endlich fragte er, ob sie über seine Worte nachgedacht hätten und wie sie dazu stünden. Dann sagte er noch: „Die Bäuerin wird den Streit und die Unruhe auf ihrem Hof nicht lange dulden. Wir genießen bei ihr Kost und Logis. Dafür zahlen wir mit Naturalien: Täglich ein paar Eier, das muß es uns wert sein!“ – „Das ist wahr“, sagte eine Hühnerin. „Aber wir sind gegen unseren Willen hierher entführt worden. Bei unserem Bauern ging es uns gut. Er hat uns Nahrung und Wohnung gegeben und uns sonst in Ruhe gelassen. Niemand hat uns gefragt, ob wir hier leben wollen!“

Darauf entgegnete ihr Hahn: „Ihr seid euch nur selbst genug, andere kümmern euch nicht. Ich kann keine Eier legen, aber ich weiß ganz genau, wenn eines faul ist. Wir werden nicht gleich sein, wenn wir zusammenleben, aber gleichberechtigt und gleichverpflichtet, wenn auch mit unterschiedlichen Zuständigkeiten und Aufgaben. Ich werde trotz eurer Gesetze stolz meine bunten Federn vorzeigen und den Kamm rot auf meinem hocherhobenen Kopf leuchten lassen. Meine Brust wird geschwellt sein, wenn uns Familie Hahn begegnet. Unsere schöne alte Sprache werde ich sprechen und auch künftig aus vollem Halse krähen!"

Je konsequenter der neue Hahn seinen Hühnern zusetzte, desto mehr hatten sie das Gefühl, fremdbestimmt zu werden. Die Idee von der Abschaffung des Patriarchates und zur Errichtung des Feminates hatte bei ihnen derart tiefe Wurzeln geschlagen, daß sie es sich nicht vorstellen konnten, auch nur um Haaresbreite davon Abstand zu nehmen. Nach langer, fast endloser Debatte erklärten die feministischen Hühnerinnen dem neuen Hahn, daß sie nicht mit ihm zusammenleben wollten, solange er sich nicht an die Gesetze hielte. Sie wollten lieber weiterhin in Freiheit leben, sich nicht unterordnen und auch nicht von einem Hahn regiert werden. Der erwiderte: „Auf Dauer wird es mit euch kein gutes Ende nehmen. Ihr fordert euer Schicksal heraus; gebraucht euren Kopf zum Denken!"

Nichts half. Es wurde Abend. Hühner, Hühnerinnen und ihre Hähne begaben sich auf den Heimweg. Familie Hahn kam so, wie sie am Morgen gegangen war, lustig und vergnügt in den Hof, über die Hühnerleiter in den Stall. Dort aßen und tranken sie zu Abend, sprachen noch über die Ereignisse der letzten Tage, über Käfer und Regenwürmer und das Wetter, legten noch ein paar Eier für die Bäuerin in das Stroh und begaben sich danach auf das Reck zur Nachtruhe.

Anders bei den Hühnerinnen. Sie und der neue Hahn hatten einander nichts mehr zu sagen. Getrennt und ohne ein Wort gingen sie zum Hof zurück, über die Hühnerleiter, durch die Luke in den Stall. Essen mochten sie kaum mehr etwas, und so stiegen sie ohne den Hahn zur Nachtruhe auf das Reck. Der Rest war Schweigen.

Erneut rückten die Gelbhalsmäuse zur Bergung der übriggebliebenen Lebensmittel aus und lagerten alles in ihrem Vorratskeller ein. Den hatten sie in weiser Voraussicht seit dem frühen Morgen um einen zweiten Raum vergrößert. Das ging einige Zeit so weiter. Die feministischen Hühnerinnen und deren Hahn wurden immer magerer, die Mäuse aber immer fetter. Für sie war es wie im Schlaraffenland, und sie glaubten, es würde immer so weitergehen. Doch es sollte bald anders kommen.

## Kapitel 11

Familie Hahn lebte derweil in Ruhe und ohne Sorgen auf dem Bauernhof. Morgens versah der Hahn regelmäßig und pünktlich sein Amt. Mit seinem Krähen erwachte das Leben auf dem Lande. Die Hühner standen auf, nahmen das Frühstück zu sich, gingen dann im „Gänsemarsch“ zu ihrer Wiese:

Gluckes Kinder und die beiden Küken des anderen Huhnes wurden langsam größer. Sie hatten alles gelernt, was man über Menschenkinder, über Adler, Füchse, Hofkater und Gelbhalsmäuse, über Sonnenschein und Regen, über Regenwürmer, Käfer und sonstige Dorfbewohner wissen mußte. Alle halfen einander bei gelegentlich auftretenden Problemen, abends gingen sie gemeinsam mit den anderen Hühnern nach Hause, aßen und tranken noch etwas, Glucke zeigte ihnen noch, wie sie später einige Eier für die Bäuerin in das Stroh legen würden, und stiegen zur Nachtruhe auf das Reck. Sie machten alles so, wie sie und die anderen Hühner es ihnen vorlebten und wie es schon immer Brauch gewesen war.

Darüber neigte sich der Sommer dem Ende zu. Die Bauern brachten die Ernte ein, sie ergänzten oder reparierten das Geschirr, und auf den Höfen wurde es ruhiger. Die Enkelin der

Bäuerin spielte leidenschaftlich mit ihrer Negerpuppe und mit Stromer; den Mäusen ging es noch nie besser als in diesem Sommer; der Regenwurm rollte noch immer kleine Blätter auf, um sie dann genüßlich zu verspeisen; die Hühnerinnen und ihr Hahn sprachen seit dem Streit über die Gesetze nicht mehr miteinander. Kurz, es hatte sich kaum etwas verändert.

Nun rückte das Erntedankfest näher. Die Menschenkinder hatten Kartoffelferien. Junggesellen und Jungfrauen würden abends zum Vergnügen gehen. Die Frauen würden dann ihre selbstbestickte Tracht anziehen, ihre schönste Haube aufsetzen; die Jungfrauen kämen in ihrer Jungferntracht und bunten Bändern; die Männer gingen in ihrer Staatstracht, und alle würden sich nach dem Kirchgang um die Tanzlinde mitten im Dorf versammeln. Kurzum: Das Fest stand vor der Tür. Die Frauen des Dorfes bereiteten schon seit Tagen das Essen dafür vor. Jede hatte ihre Aufgabe: Einige buken Brot und Kuchen, andere rahmten die Milch ab für die Schlagsahne, wieder andere besorgten Gewürze, Salat, Geschirr, Bestecke; Lampions wurden aufgehängt, der Tanzboden gefegt und vieles mehr. Einige Männer holten ihre Musikinstrumente hervor, um am Abend zum Tanz aufzuspielen:

Die Bäuerin und ihr Nachbar hatten sich erboten, für einen Braten zu sorgen. Da aber der Nachbar keine Tiere mehr besaß, sagte die Bäuerin zu ihm, sie könnten doch einige seiner ehemaligen Hühner dafür hergeben, sie hätte ohnedies zuviele, und ihre neuen Hühner legten ja doch keine Eier und seien darum für sie ohne Nutzen. Der Nachbar war damit einverstanden. Abends, als alle Hühner wieder im Stall waren, kam er und ergriff eine der feministischen Hühnerinnen am Hals. Sie wehrte sich, schlug mit den Flügeln, kratzte mit den Krallen und gackerte ganz jämmerlich.

Doch es half nichts. Er ging mit ihr zum Hauklotz, faßte das Beil, und es geschah, was geschehen sollte: Das Huhn fiel kopflos herab, lief noch flügelschlagend ein paar Meter über den Hof und fand so sein jähes Ende. Viermal wiederholte der

Nachbar der Bäuerin das Prozedere. Sie legte die fünf Hühner in eine große Schale, setzte sich auf die Feierabendbank neben der Küchentür, der Nachbar kam hinzu, und sie begannen, die Hühner zu rupfen. Die größeren Federn bekam die Enkelin der Bäuerin zum Basteln, die besten aber legte sie sich für die Verschönerung ihres Kopfputzes zurück, den Rest gab sie in einen Leinenbeutel für eine spätere Verwendung. Stromer interessierte sich für die herabgefallenen Hühnerköpfe. Die gerupften Hühner brachte sie zum Ausnehmen in die Küche. Nach getaner Arbeit setzte sie sich noch einmal zu ihrem Nachbarn auf die Bank. Sie erinnerten einander an Erlebnisse aus ihren Kindertagen, wie der Krieg über sie kam und über andere wichtige Ereignisse aus ihrem Leben. Darüber neigte sich der Tag und endete mit einem blutroten Sonnenuntergang.

Im Stall bei den übriggebliebenen Hühnerinnen war es still geworden. Verängstigt kauerten sie eng beisammen in der Ecke bei ihrem Hahn. Der hatte sie unter seine Flügel genommen, um sie zu schützen. Keiner von ihnen wußte, was und warum es geschehen war und wohin der Bauer ihre Schwestern gebracht hatte. Aber eines wußten sie: Es war etwas Schlimmes geschehen. Die ganze Nacht verbrachten sie so bei ihrem Hahn. Als am nächsten Morgen im anderen Stall der Hahn krähte, das Essen gebracht und die Luken geöffnet wurden, löste sich die Spannung bei den Hühnerinnen und auch bei ihrem Hahn ein wenig.

Familie Hahn hatte von dem Geschehen im Nachbarstall nichts mitbekommen. Nur, daß es laut zuging. Wie an jedem Morgen krähte er, seine Hühner legten ein paar Eier, dann nahmen sie das Frühstück zu sich und verbrachten den Tag genauso wie immer. Die Vorbereitungen zum Fest beunruhigten oder berührten sie nicht. Die übriggebliebenen feministischen Hühnerinnen aber mochten am Morgen und den ganzen Tag nicht hinausgehen. Sie spürten, daß ihr Hahn ihnen in der schwersten Stunde ihres Lebens beigestanden hatte, und daß er versuchte, sie zu beschützen. Das gab ihnen ein gutes Gefühl. Wes Herz voll ist, des Mund läuft über: Sie sprachen wieder miteinander.

Die Hühnerinnen, die wenigen, die vom Verein noch übrig waren, berieten darüber, ob sie nach dieser Erfahrung nicht doch einen anderen Weg einschlagen sollten. Sie sahen, wie Familie Hahn ein gutes Leben führte. Die gingen nett und freundlich miteinander um, kurzum: Sie waren glücklich und hatten große Freude an ihren Kindern. Eigentlich wußten die Hühnerinnen nicht mehr, warum sie immer Unfrieden mit den anderen Hühnern und deren Hahn hatten. Kurzerhand erklärten sie durch Vereinsbeschluß die Gesetze mit sofortiger Wirkung für aufgehoben und den ‚Verein feministische Hühnerinnen' für aufgelöst, weil das Vereinsziel entfiel oder weil es nicht mehr erreicht werden konnte.

Ihrem Hahn erklärten sie, daß sie nun dazu bereit wären, mit ihm eine Familie zu gründen, wenn er sie denn noch wolle. Sie fragten ihn, ob er Nachsicht mit ihnen für die erlebten Abweisungen üben könne. Sie würden auch wie richtige Hühner sein, mit ihm essen und trinken, gemeinsam Frühsport treiben und die Zeit auf der Wiese mit ihm verbringen; eigene Kinder hätten sie auch gerne wie ihre Nachbarn, und sie könnten sich auch vorstellen, ein paar Eier für die Bäuerin in das Stroh zu legen. Sie versprachen ihrem Hahn, die oberste Sprosse wieder am Reck anzubringen.

Der rieb sich die Augen. Er verstand erst nicht, wie ihm geschah und was das zu bedeuten habe. Diese Worte widersprachen all seinen bisherigen Erfahrungen. Seit dem Sommer hatten die Hühnerinnen ihn angeschwiegen, mißachtet und verhöhnt, gar Unmögliches von ihm verlangt. Nachdem er seine Gedanken geordnet hatte, verstand er die Nöte seiner Hühner. Er versprach ihnen, ein guter Hahn für sie zu sein und später ein guter Vater für seine Kinder zu werden, für sie zu sorgen und, wann immer möglich, sie und ihre Kinder zu beschützen. Eine schöne Zeit werde nun für sie kommen. Nach dem gemeinsamen Abendessen konnten sie nun wieder ruhig schlafen. In ihren Träumen erschienen ihnen viele piepsende Küken. Nun waren sie wieder richtige Hühner.

Es dauerte eine ganze Weile, bis sich alle wieder an geordnete Verhältnisse gewöhnen konnten. In ausgedehnten Spaziergängen sprachen sie über die Verhältnisse, in denen sie lange leben mußten, und wie es soweit kommen konnte. Aber sie schmiedeten auch Zukunftspläne, und sie brachten das Verhältnis zu ihren Nachbarn, Familie Hahn, wieder in Ordnung. Sie legten auch wieder Eier. Ein Huhn kam auf die Idee, daß sie gemeinsam ein großes Nest bauen sollten, in das jede von ihnen ein Ei legen würde. Sie könnten dann gemeinsam oder abwechselnd ihre Küken ausbrüten und nach deren Geburt die Kinder gemeinsam aufziehen; dann wären sie auch eine richtige Familie wie ihre Nachbarn.

## Kapitel 12

Und so geschah es: Jeden Morgen, wenn es Zeit war, traten die beiden Hähne vor die Luken, stellten sich oben auf die Hühnerleiter und krähten aus vollem Halse. Erst gemeinsam, dann abwechselnd und wieder im Duett, so, daß es eine Freude für alle Bewohner war. Sie aßen und tranken gemeinsam, legten die Eier für die Bäuerin, gingen dann alle zusammen zur Wiese und zu den Büschen. Die Hähne setzten sich auf die unteren Äste, denn von hier aus konnten sie die Wiese und den Hof überblicken; einige Hühner nahmen ein Sandbad, um lästige Insekten aus ihren Federn zu vertreiben, andere suchten nach Würmern und Käfern, und alle hatten einander nach der langen Zeit des Schweigens viel zu erzählen. Zwei oder drei der ehemaligen Hühnerinnen brüteten gemeinsam auf ihren Eiern; sie konnten es kaum abwarten, ihre eigenen Kinder schlüpfen zu sehen. Als es soweit war, krähte ihr Vater seine Freude über die Ankunft der Kleinen in alle Welt hinaus, daß alle es hören sollten, was für ein großes Glück und welche Freude ihnen widerfahren war.

Die Bäuerin wunderte sich über den auf ihren Hof zurückgekehrten Frieden. Nachdem sie das Verhalten ihrer Hühner einige Zeit beobachtet hatte, kam ihr der Gedanke, daß die Teilung des Stalles und des Hofes nicht mehr erforderlich sei. Sie ging zu ihrem Nachbarn und fragte ihn, ob er bereit wäre und auch Zeit dafür hätte, ihr beim Abbau der Trennwand im Stall und bei der Entfernung des Zaunes von ihrem Hof zu helfen. Er sagte zu, kam, und sie richteten alles so wieder her, wie es vordem gewesen war, ließen aber die zweite Luke an ihrem Ort, damit die beiden Hähne jeden Morgen davor gemeinsam musizieren konnten. Den Zaun vom Hof, der ja nun vakant war, brachten sie zum Waldrand hinter der Wiese. Dort stellten sie ihn wieder auf, um dem Fuchs, der dort wohnte, das Jagen von Hühnern zu erschweren.

Nun trieben alle Hühner und die beiden Hähne gemeinsam den Frühsport. Dabei flogen sie auf und nieder oder liefen, so schnell sie konnten, quer über den Hof und sprangen dabei in einem hohen Bogen über den Wassereimer, wozu einiger Mut gehörte. Hin und wieder neckten sie zu ihrem Vergnügen auf dem Weg zur Wiese den Hofkater Stromer oder die Enkelin der Bäuerin. Die Gelbhalsmäuse verbrauchten nach und nach die eingelagerten Vorräte, denn die Hühner hatten wieder einen guten Appetit. Sie brauchten nun ihr Essen für sich. Der Regenwurm war fortgezogen. Es war ihm in seiner Wohnung zu unruhig geworden, denn der Weg der Hühner zur Wiese führte direkt an seiner Haustür vorbei:

Es war wieder Herbst geworden. Das Erntedankfest war vorbei, die Bäuerin ging ihren Geschäften nach. Das Laub färbte sich allmählich goldgelb. Der Wind strich durch die Krone der alten Linde und löste ein kleines Blatt von seinem Zweig. Es drehte und wendete sich, es tanzte voller Vergnügen in der Luft, bis der Wind ein anderes Spiel begann. Da legte sich das kleine Blatt zur Ruhe auf einen Ast und begann einen langen Schlaf. Ihm träumte, ein Lüftchen werde sich regen und es zum Tanzen bringen, es werde einem Regenwurm und Hühnern begegnen und es werde in die Welt hinausgeweht zu neuen Abenteuern.

www.ifb-verlag.de